westermann

AF629840

Fit in der Grundschule

10-Minuten-Trainer

Rechtschreibung

Klasse 3

Fit in der Grundschule
10-Minuten-Trainer

Rechtschreibung

Die Autorin:
Katja Vau ist Grundschullehrerin und arbeitet als Autorin für Schulbücher, Unterrichtsmaterialien und Lernhilfen.

Bildquellen: |Feldhaus, Hans-Jürgen, Münster: 4.1, 4.2, 6.1, 7.1, 8.1, 9.3, 10.1, 10.2, 11.1, 12.1, 14.1, 15.1, 16.1, 18.1, 18.2, 20.1, 22.1, 22.2, 23.1, 24.1, 26.1, 27.1, 28.1, 29.1, 30.1, 31.1, 32.1, 33.1, 34.1, 36.1, 37.1, 38.1, 39.1, 40.1, 41.1, 42.1, 43.1, 44.1, 46.1, 46.2, 48.1, 50.1, 51.1, 51.2, 52.1, 54.1, 55.1. sowie alle Illus auf dem Stickerbogen |Heimrich, Heike, Berlin: 6.3, 8.2 bis 8.7, 9.1, 9.2, 13.1 bis 13.7, 17.1, 17.2, 25.1, 25.2, 29.2 bis 29.13, 30.2, 31.2, 35.1 bis 35.10, 38.2 bis 38.8, 40.2, 44.2, 48.2 bis 48.6, 52.2, 53.1, 53.2, 56.1 bis 56.6, 57.1, 57.2, 58.1, 58.2, 60.1 bis 60.17, 62.1 bis 62.5. |Schwarz, Thies, Hannover: 6.2, 12.2, 24.2, 32.2, 37.2, 37.3, 47.1, 54.2 bis 54.5. |Shutterstock.com, New York: oliveromg: Titel|

westermann GRUPPE

Druck A[1] / Jahr 2023
Alle Drucke der Serie A sind im Unterricht parallel verwendbar.

Redaktion: Marion Clausen, Berlin
Kontakt: lernhilfen@westermanngruppe.de
Illustrationen: Hans-Jürgen Feldhaus, Münster; Heike Heimrich, Berlin; Thies Schwarz, Hannover
Umschlaggestaltung und Layout: Janssen Kahlert Design & Kommunikation GmbH, Hannover
Umschlagfoto: shutterstock, oliveromg
Druck und Bindung: Westermann Druck GmbH, Georg-Westermann-Allee 66, 38104 Braunschweig

ISBN 978-3-07-**003001**-6

Vorwort

Liebe Schülerin, lieber Schüler,

du bist in der dritten Klasse und willst im Fach Deutsch richtig fit werden? Dann ist der 10-Minuten-Trainer genau das Richtige für dich! Mit diesem Arbeitsheft kannst du alle wichtigen Inhalte des Lernbereichs **Rechtschreibung** wiederholen und üben.

Zu jedem Thema gibt es eine Doppelseite, die du in 10 Minuten bearbeiten kannst. So wird der Stoff in übersichtliche Einheiten gegliedert, die dir das Lernen erleichtern.

Anschaulich erklärte Regeln und Tipps helfen dir bei der Bearbeitung der Aufgaben.

Natürlich gibt es in diesem Heft auch einen Lösungsteil, mit dessen Hilfe du überprüfen kannst, ob du die Übungsaufgaben richtig bearbeitet hast. Du findest ihn ab Seite 56.
Übrigens: Für jede gelöste Doppelseite darfst du dich mit einem Erfolgssticker belohnen. Klebe ihn einfach in das dafür vorgesehene Feld.

Und damit deine Eltern dich auf deinem Weg durch die dritte Klasse noch besser unterstützen können, haben wir im Internet unter **www.westermann.de/fit-in-der-grundschule** hilfreiche Tipps und praktische Checklisten für sie zusammengestellt.

Viel Erfolg beim Üben mit dem 10-Minuten-Trainer!

Dein Lernhilfen-Team

Inhaltsverzeichnis

Wörter mit langen Selbstlauten

Lange und kurze Selbstlaute unterscheiden ... 6

Wörter mit ie ... 8

Wörter mit Dehnungs-h ... 10

Wörter mit doppelten Selbstlauten ... 12

Wörter mit ß ... 14

Wörter mit kurzen Selbstlauten

Wörter mit zwei verschiedenen oder zwei gleichen Mitlauten ... 16

Wörter mit kurzen Selbstlauten in Silben sprechen ... 18

Wörter mit doppelten Mitlauten ... 20

Wörter mit ss ... 22

Verben mit doppelten Mitlauten ... 24

Wörter mit z und tz ... 26

Wörter mit k und ck ... 28

Die richtige Schreibung ableiten

Wörter mit ä oder e 30

Wörter mit äu oder eu 32

Wörter mit b, d, g am Wortende 34

Wörter mit b, d, g im Wortinneren 36

Wörter mit s oder ß am Wortende 38

Wörter mit silbentrennendem h 40

Die richtige Schreibung durch Zerlegen der Wörter

Wortfamilien 42

Nomen mit Wortbausteinen 44

Adjektive mit Wortbausteinen 46

Zusammentreffen gleicher Buchstaben 48

Merkwörter richtig schreiben

Wörter mit v/V 50

Wörter mit pf/Pf, x und y 52

Wörter mit i, chs und ai 54

Lösungen 56

Lange und kurze Selbstlaute unterscheiden

Selbstlaute können **lang** oder **kurz** gesprochen werden:
Ofen – offen
Tal – Ball
Mädchen – Mäppchen

1 Sprich die Wortpaare deutlich aus.

Schafe – schaffe ■ wen – wenn ■ Düne – dünne ■ beten – Betten ■ raten – Ratten ■ spuken – spucken ■ Hüte – Hütte ■ den – denn

2 Markiere die Wörter von Aufgabe 1 in den folgenden Sätzen.

Wenn ich reiten gehe, freue ich mich.
Wen besuchst du heute Nachmittag?

Im Zoo habe ich gesehen, wie Lamas spucken.
Man sagt, im alten Schloss spuken Gespenster herum.

In der Kanalisation leben Ratten.
Soll ich dir die Lösung sagen oder möchtest du raten?

Auf der Weide stehen Schafe und grasen.
Diese Aufgabe ist schwierig, aber ich schaffe sie!

Wo bist du denn gewesen?
Findet ihr den neuen Lehrer auch so nett?

Das Rehkitz hat ganz dünne Beine.
Am Meer bin ich einmal auf eine Düne geklettert.

3 **Sprich auch diese Wortpaare deutlich aus.**

Tafel – Waffel ■ Krone – Tonne ■ Hupe – Suppe ■ her – Herr ■ König – können ■ spielen – grillen ■ schälen – Bälle ■ Blüten – schütten

4 **Schreibe die Wörter von Aufgabe 3 geordnet in die Tabelle.**

TIPP Im Wortkasten von Aufgabe 3 haben immer die ersten Wörter einen langen Selbstlaut und die zweiten Wörter einen kurzen Selbstlaut.

Wörter mit langem Selbstlaut	Wörter mit kurzem Selbstlaut
Tafel	Waffel

5 **Setze in der Tabelle von Aufgabe 4 unter die kurzen Selbstlaute einen Punkt und unter die langen Selbstlaute einen Strich: Wạffel, Ta̲fel**

Hier kannst du deinen Erfolgssticker einkleben.

Wörter mit langen Selbstlauten

Wörter mit ie

Ein **langes i** wird fast immer mit **ie** geschrieben:
spielen
der Frieden
wieder

1 **Verbinde die Wörter mit den passenden Bildern.**

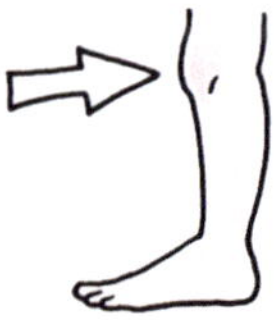

Wiege
Wiese
Stiefel
Spiegel
Knie
Brief

2 **Schreibe zu jedem Wort das passende Reimwort aus dem Kasten auf.**

liegen ■ tief ■ Wiese ■ riechen ■ wie ■ lieb ■ schieben ■ hier

sie –	vier –
schief –	kriechen –
Dieb –	wiegen –
Riese –	sieben –

3 Der folgende Satz enthält zehn Wörter mit ie. Schreibe ihn ab.

Vier Bienen fliegen über eine Wiese mit sieben Ziegen, die spielen oder friedlich herumliegen.

....

....

....

4 Ergänze die fehlenden Personalformen.

TIPP Die Verben von Aufgabe 4 enden alle auf -ieren.
Das ie bleibt in den Personalformen erhalten:
trainieren: er trainiert
gratulieren: sie gratuliert

kopieren: sie kopiert ....

probieren: er ....

telefonieren: ich ....

reparieren: du ....

passieren: es ....

diskutieren: wir ....

spazieren: er ....

Hier kannst du deinen Erfolgssticker einkleben.

Wörter mit Dehnungs-h

Ein **Dehnungs-h** kann nur nach langen Selbstlauten stehen.
Du kannst es **nicht hören**:
sehr, fühlen
Du musst dir Wörter mit einem Dehnungs-h **merken**.
In der Wortfamilie bleibt das Dehnungs-h erhalten:
fahren, das Fahrrad, gefährlich

1 **Markiere die zwölf Nomen mit einem Dehnungs-h im Suchsel.**

J	A	H	R	U	O	J	Z	P	X	M	E	H	L	V	E
H	W	O	H	N	U	N	G	O	Y	U	A	U	H	R	W
V	B	B	W	O	B	B	O	H	N	E	L	Z	C	P	O
H	Ö	H	L	E	P	V	V	I	W	R	O	F	Q	G	O
D	F	C	V	M	S	B	U	B	X	B	M	V	S	N	X
F	O	H	L	E	N	M	F	E	H	L	E	R	O	B	G
F	Z	S	T	U	H	L	P	C	R	R	A	H	M	E	N
W	S	A	H	N	E	Z	F	N	O	H	R	A	O	F	V

2 **Schreibe die zwölf Nomen mit Dehnungs-h aus dem Suchsel auf.**

Jahr ....

....

....

....

3 **Immer zwei Wörter gehören zu einer Wortfamilie. Trage die Wörter aus dem Wörterkasten passend in die Tabelle ein.**

zählen ▪ wohnen ▪ Gefühl ▪ Lehrer ▪ zahm ▪ gestohlen

fühlen –	Lehrerin –
Wohnung –	Zahl –
zähmen –	stehlen –

4 **Dies sind fünf häufig gebrauchte Wörter mit Dehnungs-h. Schreibe sie ab.**

sehr ▪ zehn ▪ mehr ▪ wohl ▪ ohne

....

....

5 **Immer nur ein Wort enthält ein Dehnungs-h. Schreibe es auf.**

TIPP Ein Dehnungs-h kommt nur vor, wenn auf einen langen Selbstlaut **l, m, n, r** folgt:
die Sohle, der Rahmen, die Sahne, die Röhre.

fra?gen – fü?ren: ....

stra?len – Stu?fe: ....

kü?len – kle?ben: ....

Na?se – ne?men: ....

Lu?pe – Le?ne: ....

Mü?le – mu?tig: ....

Hier kannst du deinen Erfolgssticker einkleben.

Wörter mit doppelten Selbstlauten

In einigen **wenigen** Wörtern mit einem langen Selbstlaut werden **a, e, o verdoppelt**. Diese Wörter musst du dir **merken**.

das Haar
der Schnee
das Boot

1 **Welches Wort passt zu welcher Beschreibung? Trage die Buchstaben in die Kästchen ein. Acht Wörter bleiben übrig. Die markierten Kästchen ergeben von oben nach unten das Lösungswort.**

Aal ▪ Haar ▪ Saat ▪ Waage
Beere ▪ Beet ▪ Fee ▪ Idee ▪ Klee ▪ Schnee ▪ See ▪ Meer
Boot ▪ Moor ▪ Moos ▪ Moschee ▪ Zoo

Darin kann man auf dem Wasser fahren:

Es ist eine Obstart:

Dort kann man viele Tiere besichtigen:

Ein Ozean wird so genannt:

Dort wachsen Pflanzen im Garten:

Ein vierblättriges Blatt bringt Glück:

So nennt man einen Einfall auch:

Es wächst auf unserem Kopf:

Er fällt im Winter und ist weiß:

2 In dieser Wörterschlange haben sich acht Wörter aus dem Wörterkasten von Aufgabe 1 versteckt. Kreise sie ein und schreibe sie auf.

DFOLSAATLPEÖQJNARMOORGALPÄDVMSEEUHWFEEORLAS

PWÜJKCYMOOSLJOFAALIOFLPMOSCHEEÖGNYWAAGEXMIW

....

....

3 Setze Wörter aus dem Wörterkasten von Aufgabe 1 in die Lücken ein. Die Bilder helfen dir.

Auf einer .... kann ich mich wiegen.

In manchen Märchen kommt eine gute .... vor.

Wenn .... liegt, gehe ich gern Schlitten fahren.

Meine Freundin hat schwarze ....

Ein .... ist ein langer und dünner Fisch.

Im Wald oder auf Steinen wächst oft ....

Die Nordsee ist ein ....

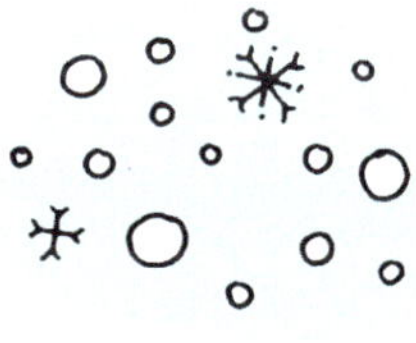

Hier kannst du deinen Erfolgssticker einkleben.

Wörter mit langen Selbstlauten

Wörter mit ß

Auf einen **langen** Selbstlaut (**a, e, i, o, u**) oder auf Zwielaute (**au, äu, ei, eu, ie**) folgt ein **ß** und kein ss:

außer
gießen
Spaß
süß

1 **In jeder Wolke steht ein Wort mit einem ß. Schreibe die Wörter unter die Wolken.**

a ß Sp	en ß au	ß F u	ß r o g
Spaß	....	....	....
en ü r g ß	ei h ß	ß Sch o	r St ß e a
....	....	....	....
ü s ß	ei w ß	d au r en ß	St ß au r
....	....	....	....

TIPP

In manchen Wortfamilien kommen lange und kurze Selbstlaute vor. Dann benutzt du in der Wortfamilie auch ß und ss:

ich esse, ich aß

er beißt, er hat gebissen

2 Schreibe die Wörter geordnet in die Tabelle.

es frisst – es fraß ■ er lässt – er ließ ■ sie misst – sie maß
es beißt – der Biss ■ fließen – der Fluss ■ reißen – der Riss
schießen – der Schuss ■ genießen – der Genuss

Wörter mit langem Selbstlaut und ß	Wörter mit kurzem Selbstlaut und ss
es fraß	es frisst

3 Setze in der Tabelle von Aufgabe 2 unter die kurzen Selbstlaute einen Punkt und unter die langen Selbstlaute einen Strich: frisst, fraß

Hier kannst du deinen Erfolgssticker einkleben.

Wörter mit zwei verschiedenen oder zwei gleichen Mitlauten

Nach einem kurz gesprochenen Selbstlaut (a, e, i, o, u) folgen mindestens zwei Mitlaute.
Das können **zwei verschiedene Mitlaute** sein:
die **Kante**
Das können **zwei gleiche Mitlaute** sein:
die **Kanne**
Zwei gleiche Mitlaute werden auch **doppelte Mitlaute** genannt.

1 **Sprich die Wortpaare deutlich aus.**

ạlte – ạlle ▪ fạlten – fạllen ▪ tạnzen – Tạnnen
Kụ̈ste – Kụ̈sse ▪ Wọlken – wọllen ▪ Stẹlzen – stẹllen

2 **Markiere bei den Wörtern von Aufgabe 1 die beiden Mitlaute, die auf den kurzen Selbstlaut folgen: ạ[lt]e – ạ[ll]e**

3 **Trage die Wörter von Aufgabe 1 in die richtige Spalte ein.**

Wörter mit zwei verschiedenen Mitlauten	Wörter mit zwei gleichen Mitlauten
....	....
....	....
....	....
....	....
....	....
....	....

4 **Verbinde die Wörter aus den Segeln mit den passenden Reimwörtern aus den Booten.**

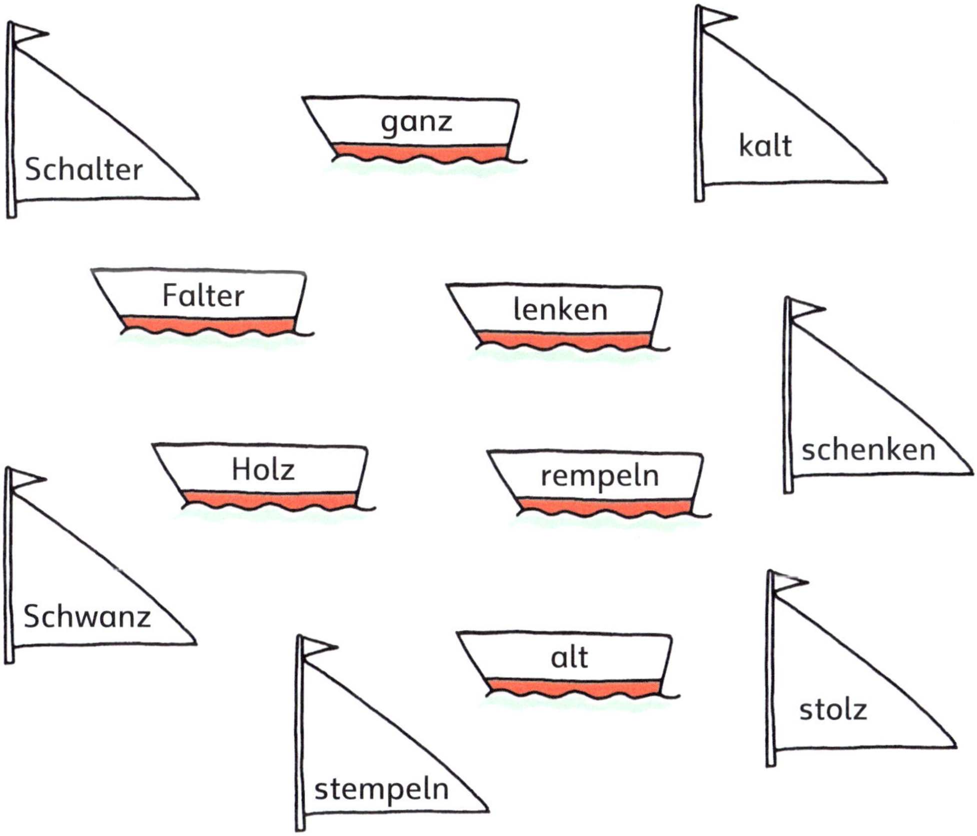

5 **Immer drei Wörter reimen sich. Schreibe sie zusammen in eine Zeile.**

danken ■ tanzen ■ Ranzen ■ stinken ■ tanken
hinken ■ schwanken ■ winken ■ pflanzen

....

....

....

Hier kannst du deinen Erfolgssticker einkleben.

Wörter mit kurzen Selbstlauten in Silben sprechen

Wenn du ein Wort mit einem kurzen Selbstlaut
in Silben sprichst, kannst du herausfinden,
ob auf den kurzen Selbstlaut zwei verschiedene oder zwei gleiche
Mitlaute folgen:
die **Kan-te**
die **Kan-ne**

1 **Sprich die Wörter so aus, dass du die Silben hörst.**

Maske ■ Halle ■ Lampe ■ immer ■ hoffen ■ Eltern
trennen ■ Wolke ■ wandern ■ Lippen ■ trinken ■ zittern

2 **Schreibe die Wörter von Aufgabe 1 mit Trennstrichen zwischen den Silben geordnet auf.**

Wörter mit zwei verschiedenen Mitlauten:

Mas-ke, ……………………………………

……………………………………

Wörter mit zwei gleichen Mitlauten:

Hal-le, ……………………………………

……………………………………

3 **Setze die Wörter wie in den Beispielen zusammen. Manche Wörter haben zwei verschiedene, manche zwei gleiche Mitlaute.**

Bir-	-ne
Pfan-	
Spin-	

brem-	-sen
Lin-	
müs-	

klem-	-men
stür-	
sum-	

hin-	-ten
ret-	
schal-	

Bir-ne, ...

brem-sen, ...

klem-men, ...

hin-ten, ...

4 **t oder tt? Untersuche die Wörter, indem du in Silben sprichst. Schreibe die Wörter dann auf.**

En???e ▪ We???er ▪ Bu???er ▪ un???en ▪ hal???en ▪ Wa???e

En-te	Ich höre ein n und ein t.	Ich schreibe nur ein t.
Wet-ter	Ich höre t und keinen anderen Mitlaut.	Ich schreibe zwei t.

En-te, ...

Wet-ter, ...

Hier kannst du deinen Erfolgssticker einkleben.

Wörter mit kurzen Selbstlauten

Wörter mit doppelten Mitlauten

Auf einen kurzen Selbstlaut folgen mindestens zwei Mitlaute.
Wenn es nicht zwei verschiedene Mitlaute sind, dann musst du den Mitlaut **beim Schreiben verdoppeln**:

die **Kanne**
brummen
schnell

1 **Was passt zusammen? In jeder Blüte gibt es einen Buchstaben, der nicht passt. Streiche ihn durch.**

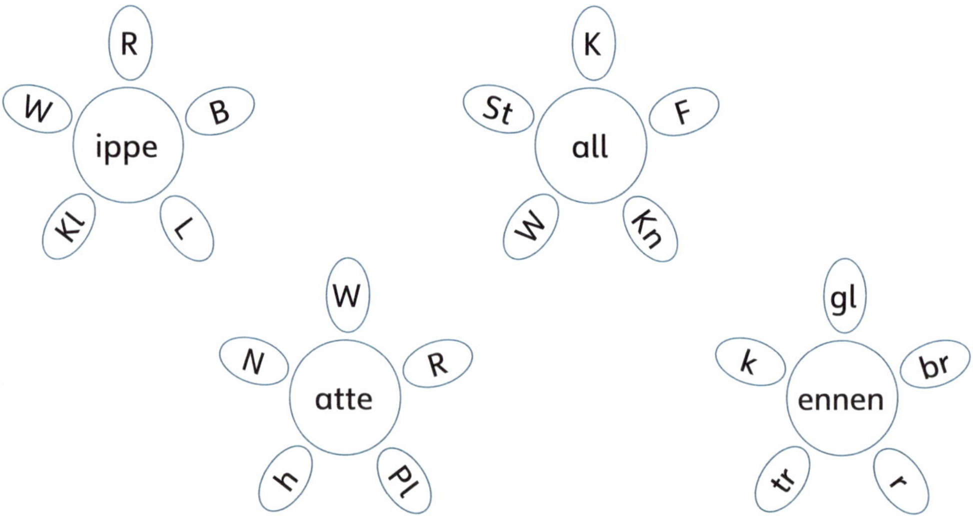

2 **Suche dir zwei Blüten aus und schreibe die Wörter auf.**

....

....

....

....

3 Hier stimmt etwas nicht! Lies dir zuerst einmal alle Sätze durch.

Hast du Lust, zittern .... zu gehen?

Im Herbst schwimmen .... die Blätter von den Laubbäumen.

Unsere Hunde fallen .... richtig, wenn ihnen kalt ist.

Manchmal versuchen mein Freund und ich beim Kartenspiel zu summen ....

Eichhörnchen schummeln .... Nüsse und verstecken sie.

Auf der Wiese sammeln .... die Bienen herum.

Kreuzspinnen schwirren .... kunstvolle Netze.

Unsere Eltern spinnen .... die Adventskalender mit kleinen Überraschungen.

Die Nachtfalter füllen .... um das Licht.

4 Die Verben in den Sätzen von Aufgabe 3 wurden vertauscht. Schreibe die richtigen Verben in die Lücken und streiche die falschen Verben durch.

5 Suche dir einen Satz von Aufgabe 3 aus. Schreibe ihn richtig auf.

....

....

Hier kannst du deinen Erfolgssticker einkleben.

Wörter mit kurzen Selbstlauten

Wörter mit ss

Auf einen **kurzen Selbstlaut** folgt **ss** und kein ß:
besser
das Kissen
müssen

1 **Geheimschrift! Nutze den Lösungsschlüssel und schreibe die Wörter wie im Beispiel mit Trennstrichen auf.**

1	2	3	4	5	6	7	8	9	10	11	12	13
P	D	R	A	K	S	H	O	C	X	M	E	W

14	15	16	17	18	19	20	21	22	23	24	25	26
G	U	Q	F	T	L	B	J	Y	V	I	Z	N

die 5 19 4 6 6 12: die Klas-se

das 13 4 6 6 12 3:

1 4 6 6 12 26:

der 6 12 6 6 12 19:

das 6 9 7 19 8 6 6:

20 12 6 6 12 3:

23 12 3 14 12 6 6 12 26:

14 12 6 9 7 19 8 6 6 12 26:

TIPP

In manchen Wortfamilien kommen kurze und lange Selbstlaute vor. Dann benutzt man in der Wortfamilie auch ss und ß:
ich esse, ich aß
er beißt, er hat gebissen

2 **In der Wörterschlange haben sich acht Wörter mit ss und vier Wörter mit ß versteckt. Kreise sie ein.**

jkasdgefressenpoidgewusstavcettryssgegessenklaöüzjsgtpojdvaßq

üukgbvergisstghbwöäuthhweißhubmyöxisstklverfressensahsflöwätq

hjqotpvergaßklähdönhmkowusstennyuwzxkvergessekqäiufraßklqiov

3 **Schreibe die Wörter von Aufgabe 2 nach Wortfamilien geordnet wie im Beispiel auf.**

fressen	vergessen
gefressen	....
....	....
....	....
....	....

wissen	essen
....	....
....	....
....	....
....	....

Hier kannst du deinen Erfolgssticker einkleben.

Verben mit doppelten Mitlauten

Wenn Verben mit doppelten Mitlauten geschrieben werden, bleiben die doppelten Mitlaute in den **gebeugten Formen meist erhalten**:

brennen: es brennt

stoppen: sie stoppt

1 **Schreibe die Verben geordnet auf.**

schaffen ▪ essen ▪ wippen ▪ stellen ▪ stimmen
rennen ▪ irren ▪ brummen ▪ treffen ▪ kippen ▪ retten
spinnen ▪ starren ▪ küssen ▪ bitten ▪ brüllen

ff: schaffen ……………………………

ll: ……………………………

mm: ……………………………

nn: ……………………………

pp: ……………………………

rr: ……………………………

ss: ……………………………

tt: ……………………………

2 Verbinde die passenden Puzzlestücke miteinander.

3 Schreibe die Verben von Aufgabe 2 mit Trennstrichen auf.

....

....

4 Schreibe die Verben in der gebeugten Form in die Lücken.

Paula (treffen) ....trifft.... sich mit ihrer Freundin.

Das (stimmen) .... gar nicht!

Die Treppe (knarren) ....

Der Stapel mit den Büchern (kippen) .... um.

Das Kind (rennen) .... über den Schulhof.

Mein Vater (stellen) .... den Einkaufskorb ab.

Die Schublade (klemmen) ....

Hier kannst du deinen Erfolgssticker einkleben.

Wörter mit z und tz

Wenn der Buchstabe z nach einem kurzen Selbstlaut verdoppelt wird, gilt eine **Sonderregel**: Du schreibst fast immer **nicht zz**, sondern **tz**:

verletzen
spitz
der Schmutz

1 **Sprich die Wörter deutlich aus.**

stọlz ▪ Sạtz ▪ krịtzeln ▪ stụ̈rzen ▪ plọ̈tzlich ▪ kụrz
schwạrz ▪ sprịtzen ▪ Kẹrze ▪ Schạtz ▪ Schwạnz ▪ wịtzig

2 **Markiere bei den Wörtern von Aufgabe 1 die beiden Mitlaute, die auf den kurzen Selbstlaut folgen: stọlz, Sạtz**

3 **Trage die Wörter von Aufgabe 1 richtig in die Tabelle ein.**

Wörter mit zwei verschiedenen Mitlauten	Wörter mit tz
....	....
....	....
....	....
....	....
....	....
....	....

4 **Schreibe die Wörter mit tz mit Trennstrichen auf.**

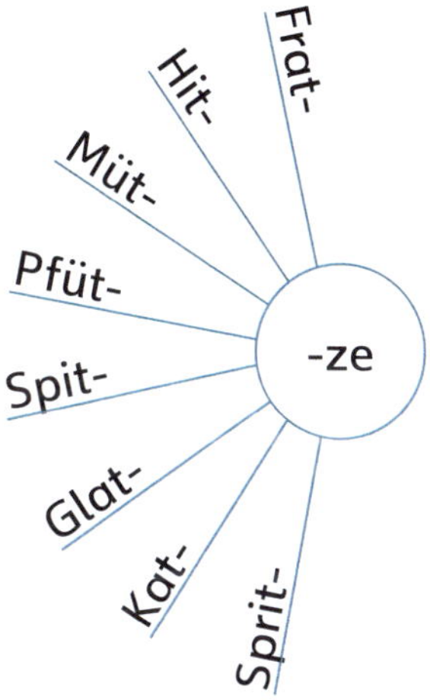

Frat-ze, ...

....

TIPP Bei **Verben mit tz** musst du in **der gebeugten Form besonders auf die Schreibweise** achten:
spritzen – es spritzt

5 **Schreibe die Verben in der gebeugten Form mit *er* oder *es* auf.**

schwitzen ▪ sich setzen ▪ sitzen ▪ schmatzen
sich hetzen ▪ flitzen ▪ petzen ▪ sich kratzen

Er schwitzt. ....

....

....

....

Hier kannst du deinen Erfolgssticker einkleben.

Wörter mit k und ck

Wenn der Buchstabe k nach einem kurzen Selbstlaut verdoppelt wird, gilt eine **Sonderregel**: Du schreibst fast immer **nicht kk**, sondern **ck**.

trocken

der Zucker

schlucken

1 **Markiere die sechs Wörter mit k und die sechs Wörter mit ck.**

U	S	T	A	R	K	O	J	Z	P	G	U	C	K	E	N
O	Y	D	E	N	K	E	N	U	A	A	W	V	B	B	U
D	W	S	C	H	R	E	C	K	O	C	B	L	Z	C	G
R	V	F	M	A	S	K	E	P	I	K	V	D	I	C	K
N	A	L	I	N	K	S	W	R	B	A	C	K	E	N	E
K	R	A	N	K	D	F	C	D	A	N	K	E	N	W	N
E	X	G	L	Ü	C	K	B	M	V	S	N	X	M	M	B
N	G	F	Z	P	C	R	W	S	T	E	C	K	E	N	Z

2 **Schreibe die markierten Wörter aus Aufgabe 1 geordnet auf.**

Wörter mit k:

....

....

Wörter mit ck:

....

....

TIPP Das ck trennt man wie ein ch,
nämlich **vor dem ck**:
bü-cken wie Bü-cher, Lo-cken wie Lo-cher

3 **Schreibe die Bildwörter mit Trennstrichen auf. Alle Wörter enthalten ein ck.**

....

....

....

Hier kannst du deinen Erfolgssticker einkleben.

Die richtige Schreibung ableiten

Wörter mit ä oder e

Wenn du **verwandte Wörter mit a** findest,
wird das Wort fast immer mit ä geschrieben:
die Gläser – das Glas
er fährt – fahren
kälter – kalt

1 **Markiere im Text alle Wörter mit ä.**

Valentin hilft im Tierheim aus. Meist fährt er mit dem Fahrrad dorthin. Oder er nimmt den Bus, der unmittelbar vor dem Tierheim hält. Am Anfang haben die Mitarbeiter des Tierheims ihm genau erklärt, was er tun soll. Er hilft dabei, ängstliche Katzen an die Menschen zu gewöhnen. Sie suchen sich oft versteckte Plätze unter den Bänken oder oben auf den Schränken. Am besten kann er sie mit Bällen zum Spielen locken.

2 **Schreibe die markierten Wörter mit ä von Aufgabe 1 zu den verwandten Wörtern mit a.**

fahren:	halten:
klar:	Angst:
Platz:	Bank:
Schrank:	Ball:

3 **ä oder e? Schreibe die Wörter geordnet auf. Finde zu den Wörtern mit ä ein verwandtes Wort mit a. Arbeite wie im Beispiel.**

?lter ▪ g?lb ▪ die M?nner ▪ die Gr?nze ▪ h?rter
s?lbst ▪ er schl?ft ▪ es w?chst ▪ der Dr?ck ▪ die Z?hne

Wörter mit ä:

älter – alt, ...

....

....

Wörter mit e:

gelb, ...

TIPP Zu manchen Wörtern mit ä ist es schwer, eine **verwandte Form mit a zu finden**. Du musst dir diese Wörter **merken**.

4 **Ordne diese Merkwörter nach dem Alphabet.**

März ▪ Bär ▪ Käfer ▪ Geschäft ▪ Märchen ▪ Mädchen

....

....

Hier kannst du deinen Erfolgssticker einkleben.

Wörter mit äu oder eu

Wenn du **verwandte Wörter mit au** findest,
wird das Wort fast immer mit äu geschrieben:
täuschen – der Tausch
säuerlich – sauer
das Mäuerchen – die Mauer

1 Verbinde die Wörter mit au mit den passenden Wörtern mit äu.

Baum
Kraut
verkaufen
Rauch
Haus
sauber
Schaum
Traum

Häuser
schäumen
Kräuter
träumen
Bäume
Verkäuferin
räuchern
säubern

2 Schreibe die Wortpaare mit au und äu von Aufgabe 1 auf.

....

....

....

....

Fit in der Grundschule
10-Minuten-Trainer

Mein Stickerbogen

Für jede gelöste Doppelseite in diesem Arbeitsheft darfst du dich mit einem **Erfolgssticker** belohnen.
Suche dir einfach einen Sticker aus und klebe ihn in das dafür vorgesehene Feld am Ende jeder Doppelseite.

Illustrationen: Hans-Jürgen Feldhaus

960.265

3 **äu oder eu? Schreibe die Wörter geordnet auf. Finde zu den Wörtern mit äu ein verwandtes Wort mit au. Arbeite wie im Beispiel.**

es h??lt ■ die Z??ne ■ die Sch??ne ■ die M??se ■ die R??me
die B??che ■ das F??er ■ die R??ber ■ die L??se ■ n??

Wörter mit äu:

die Zäune – der Zaun, ...

....

....

Wörter mit eu:

es heult, ...

4 **Schreibe die Verben in der gebeugten Form mit *es* auf.**

laufen ■ saufen

....

TIPP Zu manchen Wörtern mit äu ist es schwer, eine **verwandte Form mit au zu finden**. Du musst dir diese Wörter **merken**.

5 **Ordne diese Merkwörter nach dem Alphabet.**

Säule ■ Knäuel ■ räuspern ■ sich sträuben

....

Hier kannst du deinen Erfolgssticker einkleben.

Wörter mit b, d, g am Wortende

Wenn du ein Wort **verlängerst**,
kannst du **hören**, wie es am Wortende geschrieben wird:
gelb – gelbe
wild – wilder
die Burg – die Burgen

1 **Vervollständige die Tabellen.**

kurze Form	verlängerte Form
Wörter mit b am Wortende	
lieb	liebe
Urlaub	Urlaube
halb	
Wörter mit d am Wortende	
	fremde
Freund	
	Münder
Wörter mit g am Wortende	
Berg	
	Züge
klug	

2 **d oder t? Verlängere in Gedanken. Kreise die Bildwörter mit d am Wortende rot ein und die Bildwörter mit t am Wortende blau.**

3 **g oder k? Verlängere in Gedanken und schreibe die Wörter auf.**

der Zwer? ■ der Schran? ■ star? ■ schrä?
der Ta? ■ flin? ■ das Geschen? ■ der Käfi?

Wörter mit g:

der Zwerg, ...

....

Wörter mit k:

der Schrank, ...

....

Hier kannst du deinen Erfolgssticker einkleben.

Die richtige Schreibung ableiten

Wörter mit b, d, g im Wortinneren

Im Wortinneren klingen **b**, **d**, und **g** manchmal wie p, t, k.
Wenn ein **Verb** im Wortinneren mit b oder g geschrieben wird,
bleiben b oder g **in den gebeugten Formen erhalten**:

geben – sie gibt

springen – es springt

1 **Setze die Verben in der gebeugten Form in die Lücken ein.**

In unserem Garten (leben) .... ein Igel.

Tagsüber (liegen) .... der Igel in seinem selbstgebauten Nest und schläft.

Wir möchten, dass er auch im Winter bei uns (bleiben) ....

Damit er einen guten Platz für seinen Winterschlaf findet, (fegen) .... mein Vater das Laub zu Haufen zusammen.

2 **Schreibe die Verben in der gebeugten Form auf.**

erlauben: er	bringen: er ....
kleben: es	hängen: es ....
lügen: er	lieben: er ....
tragen: es	schreiben: er ....
glauben: er	fragen: er ....

TIPP

Bei **zusammengesetzten Wörtern** muss man das Wort manchmal **zerlegen**, um die schwierige Stelle verlängern zu können.

die Rundreise: rund – runder

3 **d oder t? Verbinde die Wörter unten mit der passenden Sprechblase und schreibe die Wörter richtig auf.**

Bun? kommt von bunte. Das Wort wird mit t geschrieben.

Han? kommt von Hände. Das Wort wird mit d geschrieben.

Lich? kommt von Lichter. Das Wort wird mit t geschrieben.

Aben? kommt von Abende. Das Wort wird mit d geschrieben.

- der Bun?stift: ....
- der Han?schuh: ....
- das Aben?brot: ....
- der Lich?schalter: ....

Hier kannst du deinen Erfolgssticker einkleben.

Die richtige Schreibung ableiten

Wörter mit s oder ß am Wortende

Wenn du ein Wort mit einem s-Laut am Wortende **verlängerst**, kannst du **hören**, wie es am Wortende geschrieben wird:

das Haus – die Häuser

endlos – endlose

1 **Schreibe die Wörter wie im Beispiel in der Kurzform mit s oder mit ß am Wortende auf.**

die Hälse – der Hals	die Preise – der ....
die Späße – der	eisig – das ....
farblose –	süße – ....
die Gleise – das	fiese – ....
weiße –	große – ....

2 **s oder ß? Verlängere in Gedanken. Kreise die Bildwörter mit s am Wortende rot ein und die Bildwörter mit ß am Wortende blau.**

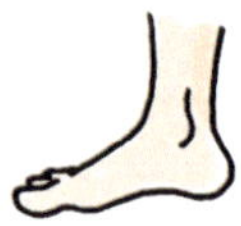

TIPP Wenn ein **Verb** im Wortinneren mit s geschrieben wird, bleibt das s in den **gebeugten Formen erhalten**:
verspeisen – er verspeist, blasen – es bläst

3 Trage die Verben in der gebeugten Form in die Sätze ein.

Opa .... (reisen) für sein Leben gern.

Jetzt .... (niesen) meine Schwester schon wieder.

Meine Freundin .... (rasen) zum Spielplatz.

Unser Hund .... (sausen) hinter uns her.

Mein Bruder .... (grinsen) über meinen Witz.

4 Die Verben in diesen beiden Sätzen sind vertauscht worden. Schreibe die Sätze richtig auf.

Opa bremst auf dem Sofa. Das Auto liest an der Ampel.

....

....

5 In dieser Wörterschlange haben sich fünf Wörter mit s am Wortende versteckt. Du kannst sie nicht verlängern und musst sie dir merken. Schreibe sie auf.

pjialsioslebiskqloeätetwasültmeiroörnichtslqätiruniemals

....

Hier kannst du deinen Erfolgssticker einkleben.

Wörter mit silbentrennendem h

Wenn in einem Wort **zwei Selbstlaute aufeinandertreffen**, setzt man meist ein **h** dazwischen.
Du kannst es **hören**, wenn du deutlich **in Silben sprichst**:
die Mü-he
ver-lei-hen
frü-her

1 **Suche dir sechs Verben aus dem Wörterkasten aus und schreibe sie mit Trennstrichen auf.**

nähen ▪ gehen ▪ glühen ▪ leihen ▪ krähen ▪ stehen
drohen ▪ muhen ▪ mähen ▪ sehen ▪ ruhen ▪ blühen
fliehen ▪ wehen ▪ sprühen ▪ drehen ▪ ziehen

....

....

2 **Suche dir drei Reimpaare aus dem Wörterkasten von Aufgabe 1 aus und schreibe sie auf.**

krähen – nähen ....

....

3 **Suche dir sechs Verben aus dem Wörterkasten von Aufgabe 1 aus und schreibe sie in der gebeugten Form mit *er* oder *es* auf.**

....

....

4 Setze die Wörter in die passenden Sätze ein.

Reihe ▪ Nähe ▪ Mühe ▪ Krähe

Ich wohne in der .... des Spielplatzes.

Ich habe mir beim Basteln große .... gegeben.

Eine .... ist ein schwarzer Vogel.

Heute bin ich als erste an der ....

TIPP
Einsilbige Wörter musst du **verlängern**. Dann kannst du das **h** beim Sprechen **hörbar machen**:
Floh – Flöhe, roh – rohe

5 Schreibe die Wörter in einer verlängerten Form und mit Trennstrichen auf.

Kuh Schuh Reh froh Zeh zäh nah

Kü-he, ...

....

Hier kannst du deinen Erfolgssticker einkleben.

Wortfamilien

Wörter einer Wortfamilie haben **denselben Wortstamm**.
Sie können außerdem **unterschiedliche Wortbausteine** enthalten.
Wortfamilie: **Topfdeckel, du deckst, Bettdecke, zugedeckt, ...**
Wortstamm: **deck/Deck**
Wenn du den Wortstamm richtig schreiben kannst, hilft es dir,
auch die **Wörter aus der Wortfamilie richtig zu schreiben**.

1 **Schreibe die Wörter nach Wortfamilien geordnet auf.**

Reise ■ Trockenheit ■ warte ■ sucht
vertrocknen ■ besuchen ■ gewartet ■ verreisen
getrocknet ■ anreisen ■ Warteliste ■ Suche

reis/Reis: ....

trock/Trock: ....

wart/Wart: ....

such/Such: ....

2 **In jeder Wörterreihe gehört ein Wort nicht zur Wortfamilie. Streiche es durch.**

tun – machen – machte – machbar – gemacht

Sonne – Sonnenbrille – gesonnt – Sommer – Sonnenbrand

dunkel – Dunkelheit – danken – verdunkeln – dunkle

süß – Bonbon – Süßigkeit – süßer – am süßesten

3 **Um den Wortstamm sind Wortbausteine angeordnet. Schreibe sechs Wörter aus der Wortfamilie auf.**

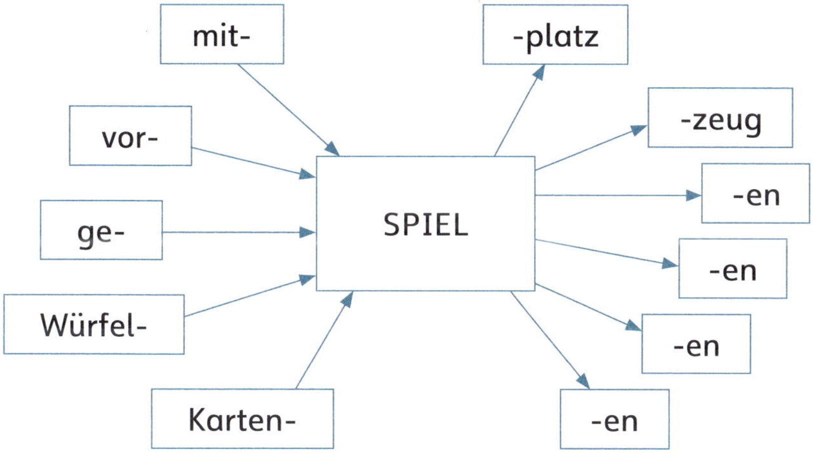

Spielplatz, ...

....

TIPP In manchen Wortfamilien **verändert** sich der **Wortstamm ein bisschen**:
fahren – Fahrzeug – er fährt
schreiben – Schreibtisch – er schrieb

4 **Immer zwei Wörter gehören zu einer Wortfamilie. Schreibe wie im Beispiel.**

lächeln ▪ Schlaf ▪ fahren ▪ Hund ▪ laufen ▪ offen
Läufer ▪ lachen ▪ Hündchen ▪ öffnen ▪ gefährlich ▪ schläft

lächeln – lachen, ...

....

....

Hier kannst du deinen Erfolgssticker einkleben.

Nomen mit Wortbausteinen

Mit den Wortbausteinen **-heit, -keit, -nis** und **-ung** werden **Nomen gebildet**:
die Schönheit
die Freundlichkeit
das Zeugnis
die Entschuldigung

1 Der Text enthält acht Nomen mit den Wortbausteinen -heit, -keit, -nis und -ung. Markiere sie.

Übernachtung im Baumhaus-Hotel

Max und Pia haben die Möglichkeit erhalten, mit ihrem Onkel und ihrer Tante in einem Baumhaus zu übernachten. Die Gelegenheit wollten sich die beiden nicht entgehen lassen. Schon die Planung war aufregend! Max und Pia hatten die Hoffnung, in der Nacht Tiere beobachten zu können. Die größte Herausforderung war, wach zu bleiben. In der Dämmerung Wildschweine, Füchse und Eulenvögel zu sehen oder zu hören war ein großartiges Erlebnis!

2 Schreibe die markierten Nomen von Aufgabe 1 auf.

....

....

....

3 **Setze die Nomen mit -heit wie im Beispiel zusammen.**

trocken + heit – die Trockenheit

zufrieden + heit – die

frei + heit – die

gesund + heit – die

4 **Setze die Nomen mit -ung wie im Beispiel zusammen.**

verwandeln + ung – die Verwandlung

lösen + ung – die

ordnen + ung – die

verabreden + ung – die

5 **Zerlege die Nomen auf -keit wie im Beispiel.**

die Gemütlichkeit ▪ die Wirklichkeit ▪ die Übelkeit

die Gemütlichkeit – gemütlich + keit

6 **Zerlege die Nomen auf -nis wie im Beispiel.**

das Ergebnis ▪ die Erlaubnis ▪ das Geheimnis

das Ergebnis – ergeben + nis

Hier kannst du deinen Erfolgssticker einkleben.

Adjektive mit Wortbausteinen

Mit den Wortbausteinen **-ig** und **-lich** werden **Adjektive gebildet**:
Salz + ig - salzig, Freund + lich - freundlich
Wenn du solche Adjektive **verlängerst**,
kannst du **hören**, wie sie am Wortende geschrieben werden:
salzige, freundliche

1 **Markiere die sechs Adjektive mit dem Wortbaustein -ig und die sechs Adjektive mit dem Wortbaustein -lich.**

B	Z	U	E	H	Z	W	I	T	Z	I	G	O	L	S	U
C	L	O	A	B	E	N	T	E	U	E	R	L	I	C	H
Q	X	G	L	L	O	N	E	U	G	I	E	R	I	G	C
W	S	C	H	R	I	F	T	L	I	C	H	N	O	J	H
C	K	W	I	N	D	I	G	W	H	H	W	H	L	M	C
S	B	X	V	O	R	B	I	L	D	L	I	C	H	Q	D
A	B	S	I	C	H	T	L	I	C	H	L	V	J	C	Q
J	K	F	P	M	S	O	O	C	D	U	R	S	T	I	G
C	M	E	N	S	C	H	L	I	C	H	K	H	A	J	P
J	W	C	F	J	C	P	E	I	S	I	G	Z	J	P	Z
C	F	G	L	Ü	C	K	L	I	C	H	B	X	U	K	W
W	L	W	K	Q	Z	G	P	B	S	T	E	I	N	I	G

2 **Schreibe die Adjektive geordnet und wie im Beispiel auf.**

Adjektive auf -ig:

witzig – Witz + ig, ...

....

....

Adjektive auf -lich:

abenteuerlich – Abenteuer + lich, ...

....

....

3 **Setze passende Adjektive in die Sätze ein. Du musst die Adjektive in der richtigen gebeugten Form einsetzen.**

vergesslich ▪ friedlich ▪ hungrig ▪ lustig ▪ ruhig ▪ gelenkig

Wenn ich trainiere, werde ich gelenkiger.

Jeden Morgen muss ich unsere .... Katze füttern.

Mein Uropa wird immer ....

Mama sagt: Heute hatte ich keine .... Minute!

Völkerball sollte ein .... Spiel sein.

An Karneval trage ich ein .... Kostüm.

Hier kannst du deinen Erfolgssticker einkleben.

Die richtige Schreibung durch Zerlegen der Wörter

Zusammentreffen gleicher Buchstaben

Wenn bei einem zusammengesetzten Wort **zwei gleiche Buchstaben aufeinandertreffen**, musst du auch **beide Buchstaben schreiben**:
das Telefon + die Nummer – die Telefonnummer
ver + reisen – verreisen

1 **Verbinde immer die beiden passenden Wörter mit den Bildern. Nimm wie im Beispiel für jedes Bild eine andere Farbe.**

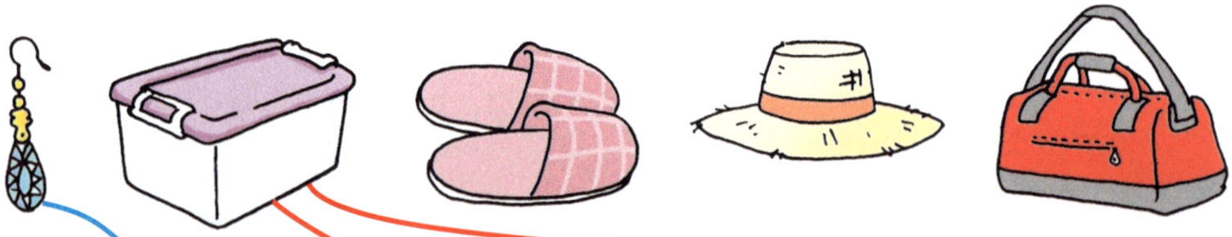

Haus Hut Ohr Kiste

Ring Stroh

Sport Schuh

Tasche Plastik

2 **Setze die Wörter von Aufgabe 1 zusammen.**

Plastik + Kiste – Plastikkiste

3 **Setze die Verben so mit den Vorsilben zusammen, dass zwei gleiche Buchstaben aufeinandertreffen.**

ver- / be- / ab- raten

verraten ....

ver- / aus- / mit- sprechen

....

an- / aus- / unter- stehen

....

be- / an- / über- reden

....

ab- / ein- / zer- reißen

....

be- / ein- / mit- nehmen

....

4 **Setze die Verben in die passenden Lücken ein.**

enttäuschen ▪ beeilen ▪ annähen ▪ aussortieren ▪ abbrechen

Soll ich dir ein Stück Schokolade ....?

Es ist schon spät, ihr müsst euch ....!

Kannst du mir den Knopf wieder ....?

Wir werden dich bestimmt nicht ....

Was willst du für den Flohmarkt ....?

Hier kannst du deinen Erfolgssticker einkleben.

Merkwörter richtig schreiben

Wörter mit v/V

Wörter mit **v/V** musst du dir **merken**.
Das v/V wird manchmal wie **f** und manchmal wie **w** ausgesprochen.
der Vater – die Vase
vorne – das Ventil

1 Markiere im Suchsel die zwölf Wörter mit v/V.

B	E	Z	K	G	F	V	A	T	E	R	Z	J	O	H	N	G	O
N	O	V	E	M	B	E	R	L	F	V	N	J	A	V	O	L	L
F	V	Z	I	V	O	R	K	A	P	A	B	J	Z	G	V	W	O
U	I	R	Z	F	N	K	G	V	I	E	R	X	D	D	E	X	I
V	A	S	E	P	V	O	V	X	F	E	K	V	U	V	M	J	M
K	U	M	V	I	E	L	K	E	G	R	M	I	X	F	B	X	O
S	S	Y	M	V	O	N	R	R	K	L	A	V	I	E	R	K	W
E	X	V	I	R	U	S	U	K	J	O	J	R	Z	P	R	I	E
B	E	V	I	E	L	L	E	I	C	H	T	B	V	O	G	E	L

2 Schreibe die markierten Wörter von Aufgabe 1 geordnet auf. Insgesamt werden sechs Wörter großgeschrieben.

Acht Wörter, in denen v/V wie f klingt:

....

....

Vier Wörter, in denen das v/V wie w klingt:

....

....

TIPP Die **Vorsilben ver-/Ver und vor-/Vor-** werden **immer mit v geschrieben**.
Achtung: Das Wort *fertig* enthält nicht die Vorsilbe ver-!

3 **Suche dir sechs Verben aus und setze sie mit ver- zusammen.**

dienen ■ brauchen ■ binden ■ brennen ■ losen ■ suchen
mieten ■ blühen ■ ärgern ■ handeln ■ leihen ■ trauen

verbinden, ...

....

4 **Suche dir sechs Nomen aus und setze sie mit Vor- zusammen.**

Freude ■ Mittag ■ Teil ■ Wahl ■ Garten
Sicht ■ Liebe ■ Bild ■ Fahrt ■ Wahl

Vorgarten, ...

....

....

5 **Schreibe diese Wörter wie im Beispiel auf.**

voran ■ voraus ■ vorbei ■ vorher ■ vorhin

vor + an – voran, ...

....

....

Hier kannst du deinen Erfolgssticker einkleben.

Wörter mit pf/Pf, x und y

Wenn du Wörter mit **pf/Pf deutlich aussprichst**,
kannst du das **pf/Pf hören** und dann auch richtig schreiben:
der Pfeil
Wörter mit **x** und **y** musst du dir **merken**:
der Text, der Teddy

1 Der Text enthält sieben Wörter mit pf/Pf. Markiere sie.

Arme Peppi!

Martinos Hündin Peppi hat sich verletzt. Sie hat doch tatsächlich mit der Pfote nach der Wurst in der heißen Pfanne geangelt! Martinos Mutter hat geschimpft: „Ihr sollt doch Peppi nicht an den Esstisch lassen!" Der Tierarzt hat erklärt, wie Peppis Pfote gepflegt werden muss: „Leider kann man einem Hund nicht einfach ein Pflaster aufkleben. Sie braucht einen richtigen Verband, der täglich gewechselt werden muss." Und dann hat der Tierarzt empfohlen: „Achtet darauf, dass Peppi jetzt nicht in Pfützen herumspringt!"

2 Schreibe die markierten Wörter von Aufgabe 1 auf.

....

....

3 **Schreibe diese Wörter mit x und mit y an die passenden Stellen im Kreuzworträtsel.**

Axt ■ Baby ■ extra ■ Hexe ■ Hobby ■ Lexikon
Party ■ Pony ■ Praxis ■ Pyramide ■ Taxi ■ Zylinder

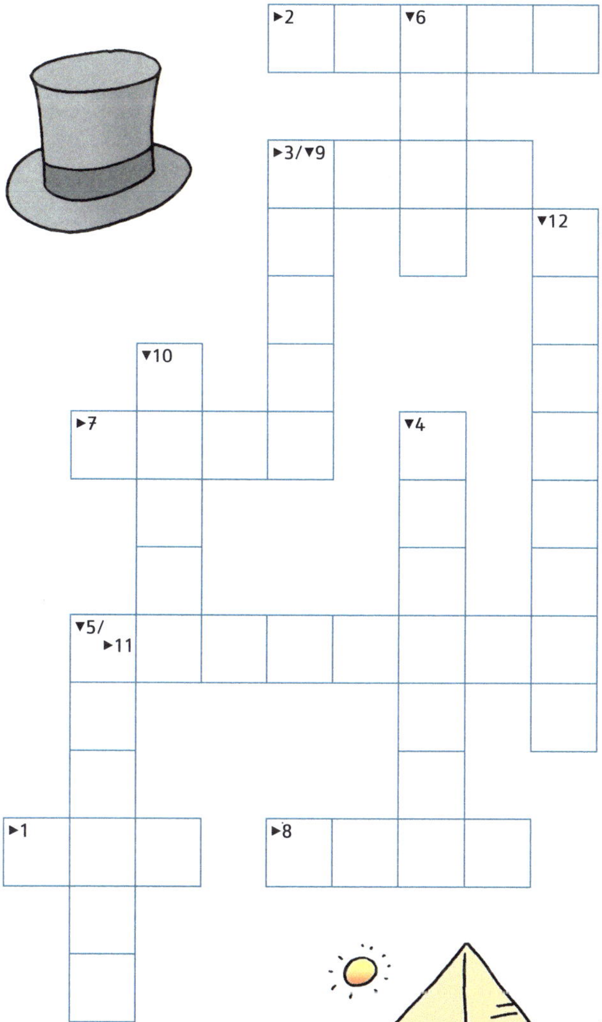

1 Werkzeug
2 mit Absicht
3 Märchengestalt
4 Nachschlagewerk
5 dort arbeitet eine Ärztin oder ein Arzt
6 Fahrzeug
7 kleines Kind
8 Tier mit vier Hufen
9 macht man in der Freizeit
10 Fest
11 eckiges Bauwerk in Ägypten
12 Kopfbedeckung

Hier kannst du deinen Erfolgssticker einkleben.

Wörter mit i, chs und ai

Einige Wörter mit **lang gesprochenem i** werden nicht mit ie geschrieben, sondern nur mit **i**.
Du musst sie dir **merken**:
der Pirat
Wörter mit **chs** und **ai** musst du dir auch **merken**:
der Lachs, der Hai

1 **Schreibe die Wörter mit i geordnet in die richtigen Häuser.**

Margarine ■ Tiger ■ mir ■ Gardine ■ Igel ■ Rosine
dir ■ Maschine ■ Krokodil ■ wir ■ Biber ■ Kino
Delfin ■ Mandarine ■ Kamin ■ Kaninchen ■ Apfelsine

Tiere	Fremdwörter mit -ine
Tiger	Margarine
....	....
....	....
....	....
....	....
....	....

Pronomen	andere Wörter
mir	Kamin
....	....
....	

2 **Diese Wörter mit chs und ai sind rückwärts geschrieben. Schreibe sie richtig unter die Wörter.**

iaH	neshcaw	iaM
....	....	....
siaM	shcaD	shces
....	....	....
shcuF	shcaW	resiaK
....	....	....

3 **Schreibe die Wörter von Aufgabe 2 geordnet auf.**

Wörter mit chs:

....

Wörter mit ai:

....

Hier kannst du deinen Erfolgssticker einkleben.

Wörter mit langen Selbstlauten

Lange und kurze Selbstlaute unterscheiden

Seite 6

2.
Wenn ich reiten gehe, freue ich mich.
Wen besuchst du heute Nachmittag?

Im Zoo habe ich gesehen, wie Lamas spucken.
Man sagt, im alten Schloss spuken Gespenster herum.

In der Kanalisation leben Ratten.
Soll ich dir die Lösung sagen oder möchtest du raten?

Auf der Weide stehen Schafe und grasen.
Diese Aufgabe ist schwierig, aber ich schaffe sie!

Wo bist du denn gewesen?
Findet ihr den neuen Lehrer auch so nett?

Das Rehkitz hat ganz dünne Beine.
Am Meer bin ich einmal auf eine Düne geklettert.

Seite 7

4. und 5.

Wörter mit langem Selbstlaut	Wörter mit kurzem Selbstlaut
Tafel	Waffel
Krone	Tonne
Hupe	Suppe
her	Herr
König	können
spielen	grillen
schälen	Bälle
Blüten	schütten

Wörter mit ie

Seite 8

1.

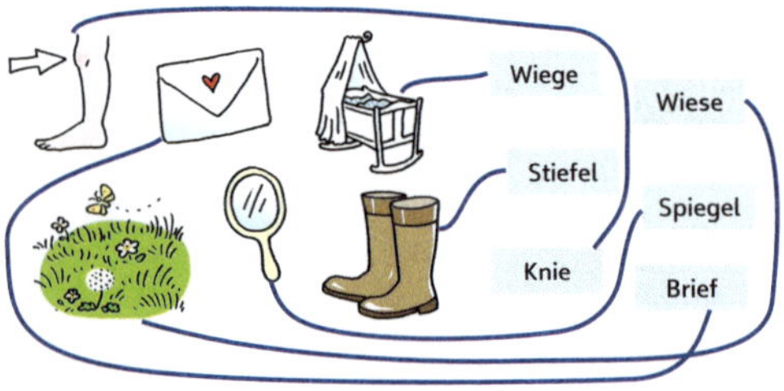

2.

sie – wie	vier – hier
schief – tief	kriechen – riechen
Dieb – lieb	wiegen – liegen
Riese – Wiese	sieben – schieben

Seite 9

3.
Vier Bienen fliegen über eine Wiese mit sieben Ziegen, die spielen oder friedlich herumliegen.

4.
kopieren: sie kopiert
probieren: er probiert
telefonieren: ich telefoniere
reparieren: du reparierst
passieren: es passiert
diskutieren: wir diskutieren
spazieren: er spaziert

Wörter mit Dehnungs-h

Seite 10

1.

J	A	H	R	U	O	J	Z	P	X	M	E	H	L	V	E
H	W	O	H	N	U	N	G	O	Y	U	A	U	H	R	W
V	B	B	W	O	B	B	O	H	N	E	L	Z	C	P	O
H	Ö	H	L	E	P	V	V	I	W	R	O	F	Q	G	O
D	F	C	V	M	S	B	U	B	X	B	M	V	S	N	X
F	O	H	L	E	N	M	F	E	H	L	E	R	O	B	G
F	Z	S	T	U	H	L	P	C	R	R	A	H	M	E	N
W	S	A	H	N	E	Z	F	N	O	H	R	A	O	F	V

2.
Jahr, Mehl, Wohnung, Uhr, Bohne, Höhle, Fohlen, Fehler, Stuhl, Rahmen, Sahne, Ohr

Seite 11

3.

fühlen – Gefühl	Lehrerin – Lehrer
Wohnung – wohnen	Zahl – zählen
zähmen – zahm	stehlen – gestohlen

4.
sehr, zehn, mehr, wohl, ohne

5.
führen, strahlen, kühlen, nehmen, Lehne, Mühle

Wörter mit doppelten Selbstlauten

Seite 12

1.

B O O T
B E E R E
Z O O
M E E R
B E E T
K L E E
I D E E
H A A R
S C H N E E

Lösungswort: BROMBEERE

Seite 13

2.

DFOLSAATLPEÖQJNARMOORGALPÄDVMSEEUHWFEEORLAS
PWÜJKCYMOOSLJOFAALIOFLPMOSCHEEÖGNYWAAGEXMIW

Saat, Moor, See, Fee, Moos, Aal, Moschee, Waage

3.

Auf einer Waage kann ich mich wiegen.
In manchen Märchen kommt eine gute Fee vor.
Wenn Schnee liegt, gehe ich gern Schlitten fahren.
Meine Freundin hat schwarze Haare.
Ein Aal ist ein langer und dünner Fisch.
Im Wald oder auf Steinen wächst oft Moos.
Die Nordsee ist ein Meer.

Wörter mit ß

Seite 14

1.

außen, Fuß, groß, grüßen, heiß, Schoß, Straße, süß, weiß, draußen, Strauß

Seite 15

2. und 3.

Wörter mit langem Selbstlaut und ß	Wörter mit kurzem Selbstlaut und ss
es fraß	es frisst
er ließ	er lässt
sie maß	sie misst
es beißt	der Biss
fließen	der Fluss
reißen	der Riss
schießen	der Schuss
genießen	der Genuss

Wörter mit kurzen Selbstlauten

Wörter mit zwei verschiedenen oder zwei gleichen Mitlauten

Seite 16

2.

alte – alle, falten – fallen, tanzen – Tannen,
Küste – Küsse, Wolken – wollen, Stelzen – stellen

3.

Wörter mit zwei verschiedenen Mitlauten	Wörter mit zwei gleichen Mitlauten
alte	alle
falten	fallen
tanzen	Tannen
Küste	Küsse
Wolke	wollen
Stelzen	stellen

Seite 17

4.

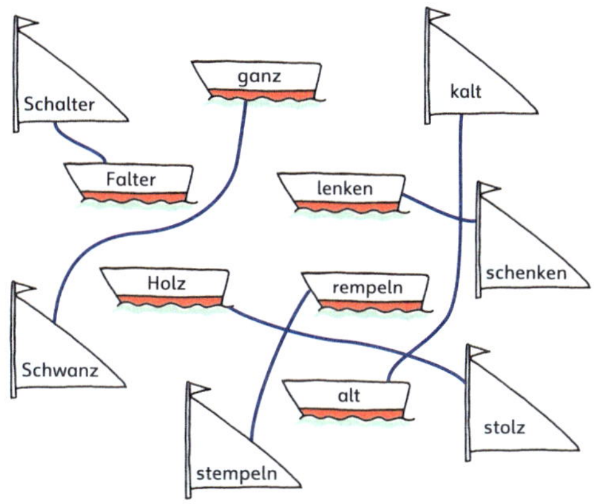

5.

danken, tanken, schwanken
tanzen, Ranzen, pflanzen
stinken, hinken, winken

Wörter mit kurzen Selbstlauten in Silben sprechen

Seite 18

2.

Wörter mit zwei verschiedenen Mitlauten:
Mas-ke, Lam-pe, El-tern, Wol-ke, wan-dern, trin-ken

Wörter mit zwei gleichen Mitlauten:
Hal-le, im-mer, hof-fen, tren-nen, Lip-pen, zit-tern

Seite 19

3.
Bir-ne, Pfan-ne, Spin-ne
brem-sen, Lin-sen, müs-sen
klem-men, stür-men, sum-men
hin-ten, ret-ten, schal-ten

4.
En-te, un-ten, hal-ten
Wet-ter, But-ter, Wat-te

Wörter mit doppelten Mitlauten

Seite 20

1. und 2.
Wippe, Rippe, Lippe, Klippe (falscher Buchstabe B)
Stall, Fall, Knall, Wall (falscher Buchstabe K)
Watte, Ratte, Platte, hatte (falscher Buchstabe N)
kennen, brennen, rennen, trennen (falsche Buchstaben gl)

Seite 21

3. und 4.
Hast du Lust, ~~zittern~~ schwimmen zu gehen?
Im Herbst ~~schwimmen~~ fallen die Blätter von den Laubbäumen.
Unsere Hunde ~~fallen~~ zittern richtig, wenn ihnen kalt ist.

Manchmal versuchen mein Freund und ich beim Kartenspiel zu ~~summen~~ schummeln.
Eichhörnchen ~~schummeln~~ sammeln Nüsse und verstecken sie.
Auf der Wiese ~~sammeln~~ summen die Bienen herum.

Kreuzspinnen ~~schwirren~~ spinnen kunstvolle Netze.
Unsere Eltern ~~spinnen~~ füllen die Adventskalender mit kleinen Überraschungen.
Die Nachtfalter ~~füllen~~ schwirren um das Licht.

5.
Ein Satz von Aufgabe 3.

Wörter mit ss

Seite 22

1.
die Klas-se, das Was-ser, pas-sen, der Ses-sel, das Schloss, bes-ser, ver-ges-sen, ge-schlos-sen

Seite 23

2.
jkasdgefressenpoidgewusstavcettryssgegessenklaöüzjsgtpojdvaßq
üukgbvergisstghbwöäuthhweißhubmyöxisstklverfressensahsflöwätq
hjqotpvergaßklähdönhmkowusstennyuwzxkvergessekqäiufraßklqiov

3.
fressen: gefressen, verfressen, fraß
vergessen: vergisst, vergaß, vergesse
wissen: gewusst, weiß, gewusst
essen: gegessen, aß, isst

Verben mit doppelten Mitlauten

Seite 24

1.
ff: schaffen, treffen
ll: stellen, brüllen
mm: stimmen, brummen
nn: rennen, spinnen
pp: wippen, kippen
rr: irren, starren
ss: essen, küssen
tt: retten, bitten

Seite 25

2.

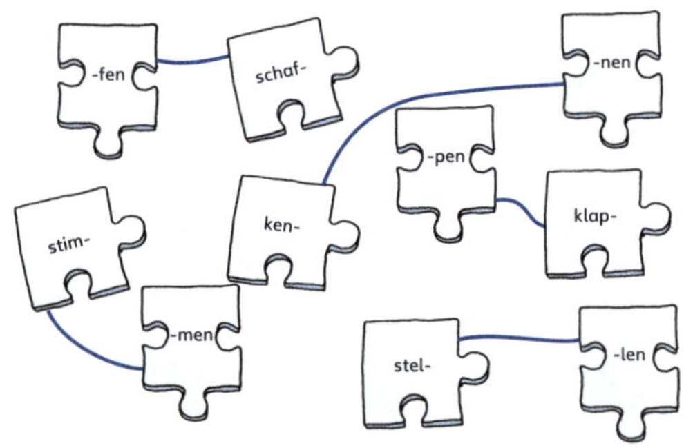

3.
schaf-fen, klap-pen, ken-nen, stim-men, stel-len

4.
Paula trifft sich mit ihrer Freundin.
Das stimmt gar nicht!
Die Treppe knarrt.
Der Stapel mit den Büchern kippt um.
Das Kind rennt über den Schulhof.
Der Vater stellt den Einkaufskorb ab.
Die Schublade klemmt.

Wörter mit z und tz

Seite 26

2.
stolz, Satz, kritzeln, stürzen, plötzlich, kurz, schwarz, spritzen, Kerze, Schatz, Schwanz, witzig

3.

Wörter zwei verschiedenen Mitlauten	Wörter mit tz
stolz	Satz
stürzen	kritzeln
kurz	plötzlich
schwarz	spritzen
Kerze	Schatz
Schwanz	witzig

Seite 27

4.
Frat-ze, Hit-ze, Müt-ze, Pfüt-ze, Spit-ze, Glat-ze, Kat-ze, Sprit-ze

5.
Hier kannst du entweder *er* oder es benutzen!
Er schwitzt. Er setzt sich. Er sitzt. Er schmatzt.
Er hetzt sich. Er flitzt. Er petzt. Er kratzt sich.

Wörter mit k und ck

Seite 28

1.

U	S	T	A	R	K	O	J	Z	P	G	U	C	K	E	N
O	Y	D	E	N	K	E	N	U	A	A	W	V	B	B	U
D	W	S	C	H	R	E	C	K	O	C	B	L	Z	C	G
R	V	F	M	A	S	K	E	P	I	K	V	D	I	C	K
N	A	L	I	N	K	S	W	R	B	A	C	K	E	N	E
K	R	A	N	K	D	F	C	D	A	N	K	E	N	W	N
E	X	G	L	Ü	C	K	B	M	V	S	N	X	M	M	B
N	G	F	Z	P	C	R	W	S	T	E	C	K	E	N	Z

2.
Wörter mit k:
stark, denken, Maske, links, krank, danken
Wörter mit ck:
gucken, Schreck, dick, backen, Glück, stecken

Seite 29

3.
So-cke, Glo-cke, Brü-cke, Ja-cke, Mü-cke, We-cker, Lo-cke, Ho-cker, De-cke, Schne-cke, De-ckel, Heu-schre-cke

Die richtige Schreibung ableiten

Wörter mit ä oder e

Seite 30

1.
Valentin hilft im Tierheim aus. Meist fährt er mit dem Fahrrad dorthin. Oder er nimmt den Bus, der unmittelbar vor dem Tierheim hält. Am Anfang haben die Mitarbeiter des Tierheims ihm genau erklärt, was er tun soll. Er hilft dabei, ängstliche Katzen an die Menschen zu gewöhnen. Sie suchen sich oft versteckte Plätze unter den Bänken oder oben auf den Schränken. Am besten kann er sie mit Bällen zum Spielen locken.

2.
fahren: fährt
halten: hält
klar: erklären
Angst: ängstliche
Platz: Plätze
Bank: Bänke
Schrank: Schränke
Ball: Bälle

Seite 31

3.
Wörter mit ä:
älter – alt, die Männer – der Mann, härter – hart, er schläft – schlafen, es wächst – wachsen, die Zähne – der Zahn

Wörter mit e:
gelb, die Grenze, selbst, der Dreck

4.
Bär, Geschäft, Käfer, Mädchen, Märchen, März

Wörter mit äu oder eu

Seite 32

1. und 2.
Baum – Bäume, Kraut – Kräuter, verkaufen – Verkäuferin, Rauch – räuchern, Haus – Häuser, sauber – säubern, Schaum – schäumen, Traum – träumen

Seite 33

3.
Wörter mit äu:
die Zäune – der Zaun, die Mäuse – die Maus, die Räume – der Raum, die Bäuche – der Bauch, die Räuber – rauben, die Läuse – die Laus

Wörter mit eu:
es heult, die Scheune, das Feuer, neu

4.
es läuft, es säuft

5.
Knäuel, räuspern, Säule, sich sträuben

Wörter mit b, d, g am Wortende

Seite 34

1.
Wörter mit b am Wortende:
lieb – liebe
Urlaub – Urlaube
halb – halbe

Wörter mit d am Wortende:
fremd – fremde
Freund – Freunde
Mund – Münder

Wörter mit g am Wortende:
Berg – Berge
Zug – Züge
klug – kluge

Seite 35

2.

3.
Wörter mit g:
der Zwerg, schräg, der Tag, der Käfig
Wörter mit k:
der Schrank, stark, flink, das Geschenk

Wörter mit b, d, g im Wortinnern

Seite 36

1.
In unserem Garten lebt ein Igel.
Tagsüber liegt der Igel in seinem selbstgebauten Nest und schläft.
Wir möchten, dass er auch im Winter bei uns bleibt.
Damit er einen guten Platz für den Winterschlaf findet, fegt mein Vater das Laub zu einem Haufen zusammen.

2.

erlauben: er erlaubt	bringen: er bringt
kleben: es klebt	hängen: es hängt
lügen: er lügt	lieben: er liebt
tragen: es trägt	schreiben: er schreibt
glauben: er glaubt	fragen: er fragt

Seite 37

3.
Die Sprechblase „Bun? kommt von bunte. Das Wort wird mit t geschrieben." gehört zu:
der Buntstift

Die Sprechblase „Han? kommt von Hände. Das Wort wird mit d geschrieben." gehört zu:
der Handschuh

Die Sprechblase „Aben? kommt von Abende. Das Wort wird mit d geschrieben." gehört zu:
das Abendbrot

Die Sprechblase „Lich? kommt von Lichter. Das Wort wird mit t geschrieben." gehört zu:
der Lichtschalter

Wörter mit s oder ß am Wortende

Seite 38

1.
die Hälse – der Hals, die Preise – der Preis
die Späße – der Spaß, eisig – das Eis
farblose – farblos, süße – süß
die Gleise – das Gleis, fiese – fies
weiße – weiß, große – groß

2.

Seite 39

3.
Opa reist für sein Leben gern.
Jetzt niest meine Schwester schon wieder.
Meine Freundin rast zum Spielplatz.
Unser Hund saust hinter uns her.
Mein Bruder grinst über meinen Witz.

4.
Opa liest auf dem Sofa.
Das Auto bremst an der Ampel.

5.
als, bis, etwas, nichts, niemals

Wörter mit silbentrennendem h

Seite 40

1.
Individuelle Lösung (sechs der folgenden Verben): nä-hen, ge-hen, glü-hen, lei-hen, krä-hen, ste-hen, droh-hen, mu-hen, mä-hen, se-hen, ru-hen, blü-hen, flie-hen, we-hen, sprü-hen, dre-hen, zie-hen

2.
individuelle Lösung (drei der folgenden Reimpaare):
gehen – stehen
sehen – wehen
sehen – drehen
nähen – krähen
nähen – mähen
glühen – blühen
glühen – sprühen
muhen – ruhen

3.
individuelle Lösung (sechs der folgenden Verbformen):
es näht, es geht, es glüht, es leiht, es kräht, es steht, es droht, es muht, es mäht, es sieht, es ruht, es blüht, es flieht, es weht, es sprüht, es dreht, es zieht

Seite 41

4.
Ich wohne in der Nähe des Spielplatzes.
Ich habe mir beim Basteln große Mühe gegeben.
Eine Krähe ist ein schwarzer Vogel.
Heute bin ich als erste an der Reihe.

5.
Kü-he, Schu-he, Re-he, fro-he, Ze-hen, na-he, zä-he

Die richtige Schreibung durch Zerlegen der Wörter

Wortfamilien

Seite 42

1.
reis/Reis: Reise, verreisen, anreisen
trock/Trock: Trockenheit, vertrocknen, getrocknet
wart/Wart: warte, gewartet, Warteliste
such/Such: sucht, besuchen, Suche

2.
~~tun~~ – machen – machte – machbar – gemacht

Sonne – Sonnenbrille – gesonnt – ~~Sommer~~ – Sonnenbrand

dunkel – Dunkelheit – ~~danken~~ – verdunkeln – dunkle

süß – ~~Bonbon~~ – Süßigkeit – süßer – am süßesten

Seite 43

3.
individuelle Lösung (sechs der folgenden Wörter):
mitspielen, mitspiele, mitspielt, mitspielst,
vorspielen, vorspiele, vorspielt, vorspielst,
gespielt,
Würfelspiel, Kartenspiel, Spiele, Spielplatz, Spielzeug,
spielen, spiele, spielt, spielst

4.
lächeln – lachen, Schlaf – schläft,
fahren – gefährlich, Hund – Hündchen,
laufen – Läufer, offen – öffnen

Nomen mit Wortbausteinen

Seite 44

1.
Übernachtung im Baumhaus-Hotel
Max und Pia haben die Möglichkeit erhalten, mit ihrem Onkel und ihrer Tante in einem Baumhaus zu übernachten. Die Gelegenheit wollen die beiden sich nicht entgehen lassen. Schon die Planung war aufregend! Max und Pia haben die Hoffnung, in der Nacht Tiere beobachten zu können. Die größte Herausforderung war, wach zu bleiben. In der Dämmerung Wildschweine, Füchse und Eulenvögel zu sehen oder zu hören war ein großartiges Erlebnis!

2.
Übernachtung, Möglichkeit, Gelegenheit, Planung, Hoffnung, Herausforderung, Dämmerung, Erlebnis

Seite 45

3.
trocken + heit – die Trockenheit
zufrieden + heit – die Zufriedenheit
frei + heit – die Freiheit
gesund + heit – die Gesundheit

4.
verwandeln + ung – die Verwandlung
lösen + ung – die Lösung
ordnen + ung – die Ordnung
verabreden + ung – die Verabredung

5.
die Gemütlichkeit – gemütlich + keit
die Wirklichkeit – wirklich + keit
die Übelkeit – übel + keit

6.
das Ergebnis – ergeben + nis
die Erlaubnis – erlauben + nis
das Geheimnis – geheim + nis

Adjektive mit Wortbausteinen

Seite 46

1.

B	Z	U	E	H	Z	W	I	T	Z	I	G	O	L	S	U
C	L	O	A	B	E	N	T	E	U	E	R	L	I	C	H
Q	X	G	L	L	O	N	E	U	G	I	E	R	I	G	C
W	S	C	H	R	I	F	T	L	I	C	H	N	O	J	H
C	K	W	I	N	D	I	G	W	H	H	W	H	L	M	C
S	B	X	V	O	R	B	I	L	D	L	I	C	H	Q	D
A	B	S	I	C	H	T	L	I	C	H	L	V	J	C	Q
J	K	F	P	M	S	O	O	C	D	U	R	S	T	I	G
C	M	E	N	S	C	H	L	I	C	H	K	H	A	J	P
J	W	C	F	J	C	L	E	I	S	I	G	Z	J	P	Z
C	F	G	L	Ü	C	K	L	I	C	H	B	X	U	K	W
W	L	W	K	Q	Z	G	P	U	S	T	E	I	N	I	G

Seite 47

2.
Adjektive auf -ig:
witzig – Witz + ig,
neugierig – Neugier + ig
windig – Wind + ig
durstig – Durst + ig
eisig – Eis + ig
steinig – Stein + ig

Adjektive auf -lich:
abenteuerlich – Abenteuer + lich
schriftlich – Schrift + lich
vorbildlich – Vorbild + lich
absichtlich – Absicht + lich
menschlich – Mensch + lich
glücklich – Glück + lich

3.
Wenn ich trainiere, werde ich gelenkiger.
Jeden Morgen muss ich unsere hungrige Katze füttern.
Mein Uropa wird immer vergesslicher.
Mama sagt: Heute hatte ich keine ruhige Minute!
Völkerball soll ein friedliches Spiel sein.
An Karneval trage ich ein lustiges Kostüm.

Zusammentreffen gleicher Buchstaben

Seite 48

1.

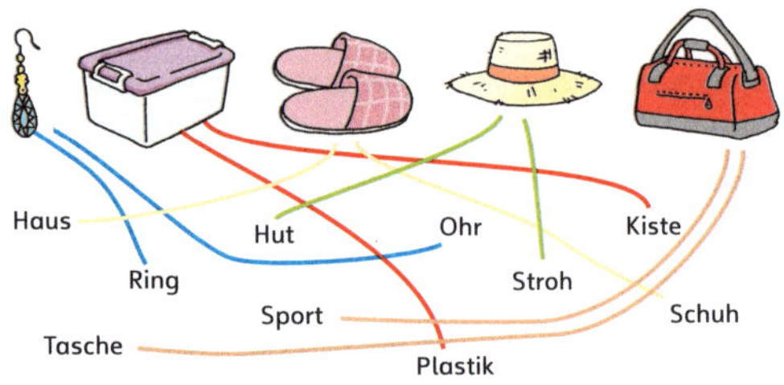

2.
Plastik + Kiste – Plastikkiste
Ohr + Ring – Ohrring
Haus + Schuh – Hausschuh
Stroh + Hut – Strohhut
Sport + Tasche – Sporttasche

Seite 49

3.
verraten, aussprechen
ausstehen, überreden
zerreißen, einnehmen

4.
Soll ich dir ein Stück Schokolade abbrechen?
Es ist schon spät, ihr müsst euch beeilen!
Kannst du mir den Knopf wieder annähen?
Wir werden dich bestimmt nicht enttäuschen.
Was willst du für den Flohmarkt aussortieren?

Merkwörter richtig schreiben

Wörter mit v/V

Seite 50

1.

B	E	Z	K	G	F	V	A	T	E	R	Z	J	O	H	N	G	O
N	O	V	E	M	B	E	R	L	F	V	N	J	A	V	O	L	L
F	V	Z	I	V	O	R	K	A	P	A	B	J	Z	G	V	W	O
U	I	R	Z	F	N	K	G	V	I	E	R	X	D	D	E	X	I
V	A	S	E	P	V	O	V	X	F	E	K	V	U	V	M	J	M
K	U	M	V	I	E	L	K	E	G	R	M	I	X	F	B	X	O
S	S	Y	M	V	O	N	R	R	K	L	A	V	I	E	R	K	W
E	X	V	I	R	U	S	U	K	J	O	J	R	Z	P	R	I	E
B	E	V	I	E	L	L	E	I	C	H	T	B	V	O	G	E	L

2.
Acht Wörter, in denen das v/V wie f klingt:
Vater, voll, vor, vier, viel, von, vielleicht, Vogel

Vier Wörter, in denen das v/V wie w klingt:
November, Vase, Klavier, Virus

Seite 51

3.
Individuelle Lösung (sechs der folgenden Verben): verdienen, verbrauchen, verbinden, verbrennen, verlosen, versuchen, vermieten, verblühen, verärgern, verhandeln, verleihen, vertrauen

4.
Individuelle Lösung (sechs der folgenden Nomen): Vorfreude, Vormittag, Vorteil, Vorwahl, Vorgarten, Vorsicht, Vorliebe, Vorbild, Vorfahrt, Vorwahl

5.
vor + an – voran, vor + aus – voraus,
vor + bei – vorbei, vor + her – vorher,
vor + hin – vorhin

Wörter mit pf/Pf, x und y

Seite 52

1.
Arme Peppi!
Martinos Hündin Peppi hat sich verletzt. Sie hat doch tatsächlich mit der Pfote nach der Wurst in der heißen Pfanne geangelt! Martinos Mutter hat geschimpft: „Ihr sollt doch Peppi nicht an den Esstisch lassen!“ Der Tierarzt hat erklärt, wie Peppis Pfote gepflegt werden muss: „Leider kann man einem Hund nicht einfach ein Pflaster aufkleben. Sie braucht einen richtigen Verband, der täglich gewechselt werden muss.“ Und dann hat der Tierarzt empfohlen: „Achtet darauf, dass Peppi jetzt nicht in Pfützen herumspringt!“

2.
Pfote, Pfanne, geschimpft, gepflegt, Pflaster, empfohlen, Pfützen
(das Wort „Pfote“ kommt zweimal vor, wird aber nur einmal gezählt)

Seite 53

3.

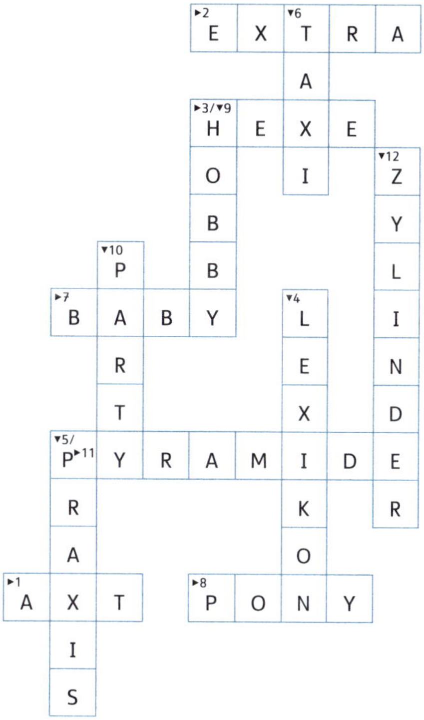

Wörter mit i, chs und ai

Seite 54

1.
Tiere: Tiger, Igel, Krokodil, Biber, Delfin, Kaninchen
Fremdwörter mit -ine: Margarine, Gardine, Rosine, Maschine, Mandarine, Apfelsine
Pronomen: mir, dir, wir
Andere Wörter: Kino, Kamin

Seite 55

2.
Hai, wachsen, Mai
Mais, Dachs, sechs
Fuchs, Wachs, Kaiser

3.
Wörter mit chs:
wachsen, Dachs, sechs, Fuchs, Wachs

Wörter mit ai:
Hai, Mai, Mais, Kaiser